TEORIA M

APPRENDI LE BASI DI TEORIA DELLA MUSICA E IMPARA A SUONARE IL PIANOFORTE, LA CHITARRA E ALTRI STRUMENTI MUSICALI

DA PRINCIPIANTE A ESPERTO

Paolo Serena

Prima edizione: Settembre 2021

Autore: Paolo Serena
Editor: Gianmarco Sala
Grafico: Riccardo Binotto
Illustratore: Chiara Lapiana
Impaginatore: Mariafrancesca Capoderosa

PREFAZIONE

Gentile lettore, se hai scelto di leggere questo libro starai certamente iniziando il tuo percorso nel vasto mondo della musica. Ebbene, sei nel posto giusto.

Nelle prossime pagine faremo insieme i primi passi di un lungo viaggio che, se saprà appassionarti come appassiona milioni di persone là fuori, durerà per il resto della tua vita. In questo libro troverai i fondamenti della teoria musicale: le note, le pause, gli abbellimenti, il tempo, la divisione in battute. Tutti questi elementi diventeranno i "mattoncini", le unità prime, che ti permetteranno di affrontare argomenti sempre più complessi e affascinanti. Man mano che le tue conoscenze teoriche aumenteranno, diventerai sempre più capace sul tuo strumento. Unendo conoscenze teoriche e competenze pratiche potrai avere una visione complessiva della musica che ti permetterà di suonare e di ascoltare da vero professionista.

Certo, ogni vero professionista inizia dalle basi e per accumulare abbastanza conoscenza ed esperienza serve tempo e impegno. Come ogni disciplina, la musica non fa eccezione da questo punto di vista. Lo studio della teoria musicale, così come dello strumento, richiede tempo, costanza e sforzo, ma possiamo assicurarti che ripaga come poche altre passioni al mondo. La musica è forse l'arte che più permette all'artista di svilupparsi e crescere a 360 gradi.

Per tutti questi motivi ti chiedo: siediti, goditi la lettura, lasciati prendere dal fuoco per la musica e continua ad alimentare e a proteggere questa passione bellissima.

SOMMARIO

CONCLUSIONI

CAPITOLO 1

LA MUSICA

"Dove le parole non arrivano... la musica parla."
[Beethoven]

La musica esisteva già prima che venissero create delle regole teoriche e formali con lo scopo di rendere comprensibile a tutti ciò che le persone esprimevano attraverso l'uso degli strumenti musicali.

È una forma d'arte costituita dal susseguirsi di suoni che formano una sequenza ben definita. Possiamo assimilarla alla costruzione di una frase con intonazione, punteggiatura ed espressione. Si può quindi guardare alla musica come ad un vero e proprio linguaggio.

Già dagli albori della sua teorizzazione, la musica ha sempre svolto un ruolo importantissimo nella nostra vita e cultura, come anche nella formazione delle nostre relazioni. Nel mondo antico era già utilizzata per svariati fini, che nella nostra epoca sono aumentati drasticamente, in relazione alla conoscenza da noi sviluppata riguardo ai benefici che apporta. Con l'invenzione delle note musicali e di leggi teoriche universali e ben definite, la musica ha cominciato il suo lungo cammino, ricco di innovazioni e adattamenti. La sua nascita presume compiersi dove è stata sviluppata gran parte della conoscenza, culturale e non, del mondo moderno: la Grecia.

Quindi, dal IV secolo, oltre alla pittura, alla poesia e alla scultura, anche la musica fa la sua prima apparizione come espressione artistica.

Le sono attribuite molte proprietà. Si estendono da quelle ludico-ricreative fino al campo terapeutico, come la stimolazione della consapevolezza interiore, il miglioramento del benessere generale dell'individuo, sia psichico sia fisico, influendo sul battito cardiaco, sulla pressione sanguigna, sulla respirazione e sul livello ormonale.

All'inizio c'erano pochi strumenti musicali e solo un numero ristretto di persone poteva utilizzarli. Oggi, al contrario, la musica è accessibile alla maggior parte di noi.

Sempre più persone sono in grado di suonare uno o più strumenti musicali. Sapere suonare uno strumento è molto importante anche se non sei un professionista. È senza dubbio un hobby impegnativo che richiede molta perseveranza e dedizione, ma dona anche molte soddisfazioni e molta gioia.

Non si può imparare una lingua studiando solo una serie di regole, ma bisogna immergersi più profondamente e praticarla quotidianamente. Lo stesso vale per la musica, è necessario viverla e praticarla, ascoltando, suonando e sperimentando. Grazie a questi principi e alla dedizione nello studio della musica e di qualsiasi strumento musicale, si riesce ad ottenere una crescita musicale e personale. Addirittura, studi dimostrano che la capacità di pensiero tende a migliorare dopo lo studio del pianoforte. Per suonare efficacemente il pianoforte abbiamo bisogno di dividere l'attività del nostro cervello in due e riuscire a controllare le due mani in maniera completamente autonoma. Tutti gli esercizi di postura e di autonomia delle mani hanno un impatto anche sulla nostra forma mentis. Ovviamente, questo concetto è assimilabile a qualsiasi strumento. La coordinazione tra la mano ritmica e quella melodica per la chitarra, la capacità di bilanciare la pressione del fiato per dare espressività a un sax, il controllo sulla respirazione e sul diaframma per riuscire a cantare. Potrei andare avanti con ogni strumento.

Se vuoi iniziare a suonare uno strumento e intraprendere il percorso musicale, è giusto che tu sappia che ciò avrà un impatto positivo e arricchente sulle tue capacità, ovviamente solo se sei disposto a investire tempo e fatica nello studio.

Potrebbe sembrare che la musica sia simile ad un calcolo, un rigido sistema di relazioni numeriche e di intervalli, ma non è così. La musica non è un sistema astratto di numeri, bensì una questione di espressione e creatività. È assimilabile, come già detto, al nostro linguaggio e, proprio come il linguaggio, si può presentare ordinario, disordinato, complicato, facile o abbreviato.

L'ARMONIA

In musica, si chiama Armonia la presenza di più di un tono che suonano contemporaneamente. L'armonia è uno degli elementi di base della musica. Consideriamo la struttura armonica in modo verticale e orizzontale. L'armonia verticale si riferisce al numero di note che si suonano simultaneamente, mentre quella orizzontale si riferisce all'attività ritmica.

Per illustrarne un esempio, ecco una struttura con accordi (verticali) contenente cinque voci con una melodia (una sesta voce) sopra, e noterai che ha dei valori ritmici lenti sul piano orizzontale.

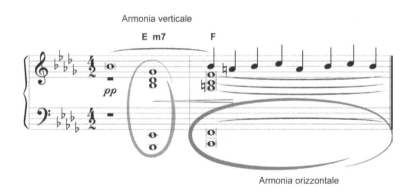

IL SUONO

Il suono è una manifestazione fisica che stimola il nostro senso uditivo. Esso è formato da un corpo che vibra, come ad esempio le corde di un violino o l'aria fatta muovere all'interno di qualsiasi strumento a fiato, anche le nostre corde vocali sono un perfetto esempio.

Qualsiasi corpo vibrando modifica la pressione dell'aria circostante e genera così delle onde che successivamente il nostro cervello riceve come impulsi sonori.

Basti pensare a tutti i suoni che ci circondano nella vita di tutti i giorni, dal rumore intenso della città all'urlo del vento che rimbalza tra le Alpi.

Possiamo suddividere l'oscillazione di un qualsiasi corpo vibrante in due tipi:

Determinata, cioè composta da vibrazioni regolari.

Indeterminata, cioè composto da vibrazioni irregolari (comunemente definita in chiasso, rumore, frastuono, ecc.)

Per riuscire a comprendere meglio le dinamiche del suono possiamo approfondire con un po' di definizioni fisico-scientifiche che lo compongono: l'altezza, l'intensità e il timbro.

NOTA MUSICALE

RUMORE

ALTEZZA DEL SUONO

L'altezza del suono corrisponde alla frequenza. La frequenza è rappresentata dal numero di vibrazioni che si ripetono in un periodo di tempo. Si misura in hertz (Hz), dove 1 hertz rappresenta una vibrazione per un secondo. Una frequenza più alta significa semplicemente che sono presenti più vibrazioni al secondo. Un alto numero di vibrazioni al secondo produce un suono acuto. All'opposto, un numero basso di vibrazioni al secondo produce un suono grave.

Supponendo che la frequenza della corda di una chitarra sia 300 Hz, significa che vibra 300 volte nell'arco di un solo secondo.

I suoni che esistono in natura sono compresi in un range che va da un minimo di 1 Hz fino a un massimo di circa 1.000.000 Hz. L'uomo può captare solo i suoni compresi in un range da 20 a 20.000 Hz, anche se questa capacità si riduce con l'età.

I suoni con una frequenza più bassa di 20 Hz vengono denominati infrasuoni, mentre i suoni con frequenza più alta di 20.000 Hz vengono denominati ultrasuoni.

INTENSITÀ DEL SUONO

L'intensità del suono si misura in "Decibel" (dB) e rappresenta la forza, o pressione sonora, con cui il suono raggiunge il nostro apparato uditivo.

È descritta nel linguaggio musicale con una serie di aggettivi che vanno da "piano" a "forte", con le opportune gradazioni intermedie. Non dipende strettamente dall'altezza del suono (Hz), che può essere mantenuta costante, ma dalla distanza tra l'ascoltatore e la fonte che produce il suono.

L'ampiezza di fluttuazione della pressione sonora (volume) è una caratteristica che consente di percepire la distinzione tra i suoni forti e quelli deboli.

TIMBRO DEL SUONO

Il timbro del suono è definito anche come il "colore" del suono. Esso è rappresentato dalla differente percezione che abbiamo dei suoni, riuscendone a definire la fonte sonora. È grazie al timbro che riusciamo a distinguere i suoni dei diversi strumenti musicali ed è grazie al timbro che troviamo il suono di una chitarra differente da quello di un violino. Percepiamo, appunto, una qualità del suono diversa se riproduciamo una medesima nota sulla chitarra o sul violino.

Un sinonimo scorretto di timbro è "tono" (che troveremo più avanti nel corso del testo). Quando diciamo che diversi strumenti hanno toni diversi, in realtà, ci riferiamo al timbro.

Come si può far sentire alle persone la differenza tra due strumenti o voci separati, anche quando stanno suonando o cantando la stessa nota?

Ad esempio, prendiamo la nota C5(Do):

I diversi strumenti sono leggermente diversi quando suonano la stessa nota. Se prendiamo come esempio un pianoforte che suona un C5, vedremo che il timbro è diverso da quello della chitarra e da questa differenza deriva il riconoscimento dello strumento su cui la nota è suonata.

CAPITOLO 2

LE NOTE MUSICALI (PARTE 1)

Se consideriamo la musica come un linguaggio viene naturale associare le note alle lettere dell'alfabeto, ossia le unità fondamentali alla base di tutto.

Le note musicali naturali sono sette: Do, Re, Mi, Fa, Sol, La, Si. Possono essere scritte anche sotto forma di numeri decimali o romani. Do (I), Re (II), Mi (III), Fa (IV), Sol (V), La (VI), Si (VII).

Al di fuori dei paesi latini, si indicano con le prime lettere dell'alfabeto, dalla A alla G. Do (C), Re (D), Mi (E), Fa (F), Sol (G), La (A), Si (B).

Oltre a quelle sopracitate, sono presenti nella scala musicale cinque note, definite "alterate", che si trovano tra quelle principali: Do#/Reb Re#/Mib Fa#/Solb Sol#/Lab La#/Sib. Corrispondono ai tasti neri posti nella tastiera soprastante quella bianca. Le note alterato corrispondono alla nota stessa più l'alterazione. Ogni nota alterata può quindi essere "diesis" o "bemolle". Approfondiremo questo aspetto nel capitolo successivo.

Possiamo quindi semplificare dicendo che la musica si basa sulla combinazione di varie sequenze di note, acute e gravi, suonate piano e forte, mettendo più note insieme o facendole susseguire ad una ad una creando una melodia.

Abbiamo, perciò, 12 note: 7 sui tasti bianchi e 5 sui tasti neri. I tasti neri hanno gli stessi nomi dei tasti bianchi (su entrambi i lati) ma con un diesis (#) oppure un segno bemolle (b) a seconda del tipo di alterazione (aumento di un semitono o diminuzione di un semitono).

Si prende come punto di partenza il Do centrale. Usando le lettere dell'alfabeto lo chiameremo C. Il C che precede quello centrale (a sinistra) è chiamato C3, quindi quello ancora precedente è il C2. Il C successivo al C centrale (a destra) è C5, e se vai ancora più in alto nella tastiera trovi C6, e così via.

DO centrale C/C4

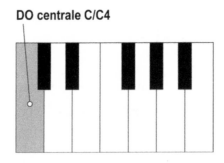

Per sentire l'inizio della nota di una canzone è fondamentale fare pratica con le note sul pianoforte, e se non hai un piano, puoi scaricare un'applicazione che simuli un piano virtuale sul tuo cellulare.

TASTI BIANCHI:

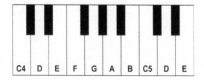

TASTI NERI CON DIESIS ASCENDENTI
(progressione da sinistra a destra):

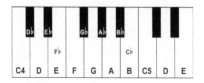

TASTI NERI CON BEMOLLI DISCENDENTI
(progressione da destra a sinistra):

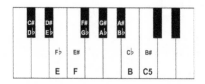

Le armoniche equivalenti sono note che possono essere chiamate contemporaneamente con due nomi differenti. Per non confonderti in futuro, puoi ricordarti che i musicisti utilizzano il nome della nota che a loro è più conveniente mentre leggono o suonano la musica su uno spartito.

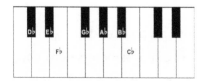

IL PENTAGRAMMA

Il pentagramma è formato da cinque righi (e non righe, in questo caso) orizzontali che suddividono quattro spazi al suo interno.

Immaginiamo il pentagramma come il quaderno a righe usato alle elementari per imparare a scrivere. Sul pentagramma sono presenti le note, le pause e tutti i vari segni di punteggiatura del linguaggio musicale.

Per orientarci meglio è importante sapere che le 5 linee sono, dal basso verso l'alto: Mi, Sol, Si, Re, Fa. Gli spazi: Fa, La, Do, Mi.

Le note, seppur diverse tra di loro, presentano una parte costituita da un cerchio bianco o nero che prende il nome di testa della nota, ossia il nome della nota senza alterazioni.

Quindi la nota prende il nome a seconda di dove è posizionata la sua testa. La posizione sul pentagramma stabilisce l'altezza della nota. Più la nota è posizionata in alto, più il suono sarà acuto.

Sul rigo del pentagramma troviamo:
E - G - B - D - F

Sullo spazio del pentagramma troviamo:

F-A-C-E

I "tagli addizionali" sono linee immaginarie e le note possono essere scritte sopra, sotto o all'interno di essi. Questi righi superano i cinque che costituiscono il pentagramma, proseguendo al di sopra o al di sotto di esso. Se la nota ha la "sbarra" al centro, dobbiamo immaginare che si trovi sul rigo, mentre se la nota ha la sbarra posta sopra o sotto di essa, dobbiamo immaginare che si trovi nello spazio al di sopra o al di sotto del rigo. Ecco un esempio:

Il pentagramma può essere di diversi tipi, in base al tipo di strumento ed al numero di strumenti che interagiscono tra di loro nello stesso tempo. Può essere semplice, doppio, triplo o multiplo.

LE CHIAVI MUSICALI

Le chiavi musicali fanno parte di un sistema convenzionale atto a fissare il posizionamento delle note sul pentagramma e la relativa altezza del suono. All'inizio di ogni rigo si trova una chiave. È importante saperlo perché in ogni chiave il Do centrale si trova su una linea diversa del rigo poiché le chiavi indicano l'altezza delle note. Dato che il Do centrale mantiene sempre la stessa altezza, la sua posizione sul pentagramma cambierà in base alla chiave. Per la voce usiamo solitamente la chiave di violino e, se guardiamo sul piano e sappiamo dove si trova il Do centrale, possiamo trovare il resto delle note. La chiave di basso solitamente viene usata per strumenti gravi come il violoncello o il contrabbasso. Ci sono tre tipi di chiavi musicali:

- **Chiave di Sol (o di violino)**, rappresenta la posizione che deve avere la nota Sol all'interno del pentagramma. Essa appare sulla seconda linea.

- **Chiave di Do**, posta al centro del doppio pentagramma, rappresenta la posizione che deve avere il Do centrale e da cui si fissa l'altezza degli altri suoni musicali ascendenti o discendenti.

- **Chiave di Fa (o di basso)**, rappresenta la posizione della nota Fa all'interno del pentagramma. Essa appare sulla quarta linea.

Chiave	Nome
𝄞	Chiave di SOL
𝄢	Chiave di FA
𝄡	Chiave di DO

Ci sono altre due chiavi musicali che vengono usate frequentemente e sono: la chiave di contralto e la chiave di tenore.

Le chiavi di violino e di basso restano di gran lunga le più comuni.

Il setticlavio è il sistema composto da sette differenti chiavi di lettura:

21

- La chiave di Sol che si trova sulla seconda linea è denominata "Chiave di Violino".

- La chiave di Fa che si trova sulla quarta linea è denominata "Chiave di Basso".

- La chiave di Fa che si trova sulla terza linea è denominata "Chiave di Baritono".
- La chiave di Do che si trova sulla prima riga è denominata "Chiave di Soprano".
- La chiave di Do che si trova sulla seconda riga è denominata "Chiave di mezzosoprano".
- La chiave di Do che si trova sulla terza riga è denominata "Chiave di contralto".

- La chiave di Do che si trova sulla quarta riga è denominata "Chiave di Tenore".

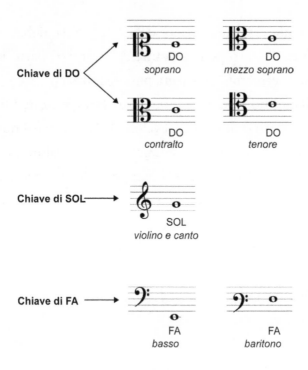

Alcuni strumenti che hanno un'ampia gamma di suoni, come ad esempio l'organo, utilizzano più pentagrammi racchiusi in parentesi graffe o quadrate. Questo raggruppamento è denominato "Sistema".

LE BATTUTE

Le battute (misura) sono delineate da stanghette che dividono l'intero pentagramma del brano in parti uguali. Questo permette una lettura più organizzata.

All'interno di ogni battuta si trovano le note. Quante note si trovano dipende dal valore della nota e dal numero scritto all'inizio del pentagramma. Questo valore (tempo) è indicato da due numeri sovrapposti dove a numeratore abbiamo il numero di tempi che possiamo racchiudere in una battuta, mentre a denominatore abbiamo il numero che indica la misura di ogni tempo.

Oltre all'indicazione del tempo, esistono tre tipi di stanghette:

- Stanghetta, che suddivide le battute.

- Doppia Stanghetta, che viene utilizzata in parti importanti del testo musicale

- Stanghetta di chiusura, che viene utilizzata alla fine del testo musicale.

LE NOTE MUSICALI (PARTE 2)

Le note indicano l'altezza del suono in base alla loro collocazione sul rigo musicale, e grazie alla loro forma indicano quanto deve essere la loro durata.

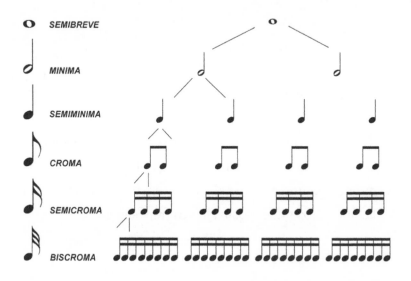

Ogni figura vale esattamente la metà numerica della figura precedente. Ogni nota dura la metà di quella che la precede. Infatti, come intero abbiamo la semibreve, come metà abbiamo la minima, come quarto abbiamo la semiminima, come ottavo abbiamo la croma, come sedicesimo abbiamo la semicroma, come trentaduesimo abbiamo la biscroma. Il numero viene attribuito alla frazione con a numeratore la durata della nota ed a denominatore la durata complessiva. Abbiamo così:

25

- Semibreve 4/4

- Minima 2/4

- Semiminima 1/4

- Croma 1/8

- Semicroma 1/16

- Biscroma 1/32

Come hai potuto notare in figura, per le note che vengono dopo la semibreve si aggiungono i gambi. Dopo la croma vengono aggiunti assieme al gambo anche i tagli, che sono delle linee orizzontali poste all'estremità superiore.

IL TONO E IL SEMITONO

Tono e semitono sono due termini che nel linguaggio musicale indicano la distanza tra due note (intervallo). A livello sonoro otteniamo una variazione di Hz all'interno di un intervallo. Se ci muoviamo verso le note più acute gli Hz aumenteranno e viceversa accadrà per le più gravi.

Il semitono corrisponde alla distanza minore che può esserci tra due note. Per esempio, se partiamo dal Do e ci muoviamo di un semitono arriviamo al Do diesis.

Se guardiamo la tastiera nella figura 1 possiamo notare che se ci spostiamo di un semitono alla volta da un qualsiasi tasto bianco finiremo su un tasto nero, fatta eccezione per il Mi e il Si, che non presentano tasti neri tra sé e il successivo tasto bianco.

Il tono è semplicemente l'unione di due semitoni, quindi se partiamo di nuovo dal Do e ci muoviamo di un tono arriviamo al Re.

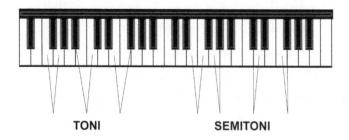

TONI   **SEMITONI**

I REGISTRI

Come abbiamo visto, sono presenti solo dodici note nel sistema musicale occidentale. Questo numero ovviamente non copre l'intera gamma di suoni che le nostre orecchie possono sentire. Ciò significa che tali note devono ripetersi in registri più alti o più bassi.

Nel caso in cui una nota si ripeta sia nel registro superiore che in quello inferiore, sappiamo che la distanza tra le due note viene chiamata ottava. Infatti, un'ottava è semplicemente la distanza tra una nota e quella stessa nota ripetuta nel registro superiore o inferiore sulla scala musicale. Parlando di frequenze, una nota di un'ottava superiore ha le stesse frequenze della relativa nota dell'ottava inferiore moltiplicate per due. Tra due ottave ci sono tutte le note, sempre nello stesso ordine. Da qui viene anche il nome di ottava, poiché ciascuna nota presa su ottave differenti sarà rispettivamente l'ottava nota della scala musica (ad esempio, da C4 a C5 si passa per C, D, E, F, G, A, B quindi C5 è l'ottava nota della scala che parte da C4).

Gli strumenti musicali hanno un grande limite: possono riprodurre un numero limitato di ottavo. Il più completo è il pianoforte con 7 registri (ottave) e quindi 88 tasti per 12 note.

La quarta ottava è quella che viene definita registro standard (infatti il Do centrale è il C4, dove "4" indica l'ottava).

Quando cerchiamo d'identificare il registro vocale possiamo prendere come punto di riferimento il pianoforte e capire chiaramente la differenza tra soprano/ mezzosoprano, contralto/tenore, e baritono/basso. Se hai già fatto parte di un coro, probabilmente conosci abbastanza bene questi gruppi. Se, invece, è la prima volta che ti approcci alla musica potresti chiederti quale "tipo" di registro vocale possiedi.

Dove si sente più a suo agio la tua voce? Prendiamo sempre il Do centrale come punto di riferimento sul pianoforte e suddividiamo i 6 registri:

BASSO

Il basso è il registro più basso e in genere si trova tra E2 ed E4. Alcune voci del basso possono cantare anche da C2 a G4.

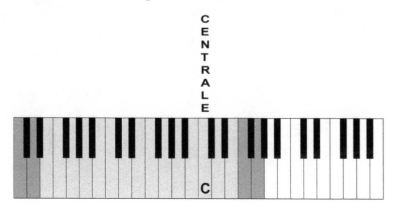

BARITONO

Il baritono è il secondo registro più basso che si sovrappone con il tenore e, in genere, si trova tra A2 e G4/A4 e potrebbe estendersi fino a F2 o addirittura a B4/C5.

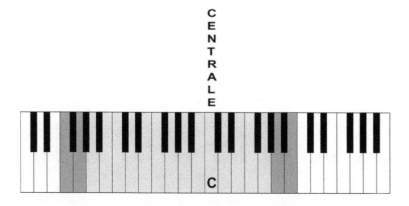

TENORE

Il tenore è il registro più alto per la voce maschile, tipicamente si trova tra C3 e C5.

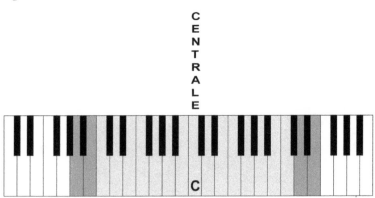

CONTRALTO

Il contralto è il registro più basso della voce femminile e si trova tra F3 e F5, anche se ci sono persone che hanno l'abilità di cantare sopra o sotto questo registro.

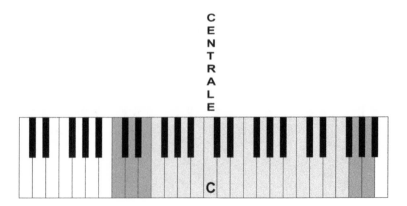

MEZZO-SOPRANO

La voce di mezzo-soprano è un registro che si sovrappone sia al registro di contralto che a quella di soprano. Questa voce è compresa tra A3 e A5.

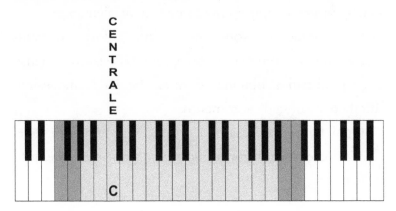

SOPRANO

Il soprano è il registro più alto per voci femminili, e si trova tra C4 e C6.

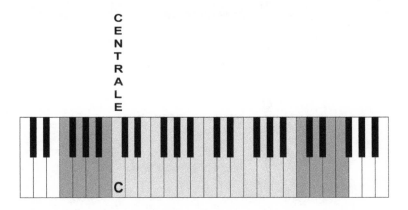

LE PAUSE MUSICALI

Le pause musicali sono dei segni grafici posti sul pentagramma e rappresentano periodi di silenzio.

Così come ci sono note con valori differenti (semiminima, minima, croma, etc.), esistono pause corrispondenti a ognuna di esse, che ha la medesima durata della nota di riferimento.

Ogni figura vale esattamente la metà numerica della figura precedente, seguendo lo stesso principio delle note viste prima.

PAUSA DI SEMIBREVE

PAUSA DI MINIMA

PAUSA DI SEMIMINIMA

PAUSA DI CROMA

PAUSA DI SEMICROMA

PAUSA DI BISCROMA

PAUSA DI SEMIBISCROMA

I SEGNI DI PROLUNGAZIONE DEL SUONO
O LEGATURE

I segni di prolungazione del suono servono a prolungare la durata di una nota oltre la durata della figura. Sono di tre tipi:

♪ **Legatura di valore**, viene rappresentata da un simbolo di linea curva che collega le note nella stessa posizione sul pentagramma, aumentandone il valore in base a quante note sono legate tra loro. Per esempio, nella figura sottostante due semiminime legate tra loro prendono il valore di una minima. Infatti, otterremo un suono prolungato che come durata ha la somma dei valori legati.

La legatura può essere anche di frase, rappresentata da una linea curva che unisce più note della legatura di valore. Non è vincolata a note uguali come la precedente, ma può unire svariate note e altre figure. Serve per definire la durata di una specifica parte musicale, detta appunto frase.

♪ **Punto di valore**, è un simbolo a forma di puntino posto alla destra della figura. È di tre tipi: semplice quando è rappresentato da un solo puntino e aumenta il valore della figura musicale di metà del proprio valore; doppio quando è rappresentato da due punti in sequenza. Il primo punto si comporta come quello "semplice" mentre il secondo aumenta di metà il valore del primo punto; triplo quando è rappresentato da tre puntini consecutivi con il terzo che aumenta di metà il valore del secondo punto e gli altri due si comportano come riportato precedentemente.

♪ **Corona**, è rappresentata da una linea curva al cui centro è presente un punto. Questa figura permette di prolungare la durata del suono o della pausa a piacere del musicista.

I SEGNI DI ALTERAZIONE DEL SUONO

I segni di alterazione vengono messi davanti ad una nota e la portano ad essere leggermente più acuta o grave della nota naturale (ossia, la nota senza alterazione). Sono suddivise in:

- ○ ♯ (diesis), modifica la nota di un semitono ascendente. Viene indicato subito dopo la nota.
- ○ ♭ (bemolle), modifica la nota di un semitono discendente. Viene indicato prima della nota.
- ○ 𝄪 (doppio diesis), modifica la nota di due semitoni ascendenti.
- ○ ♭♭ (Doppio bemolle), modifica la nota di due semitoni discendenti.
- ○ ♮ (Bequadro), annulla ogni altra alterazione applicata alla nota.

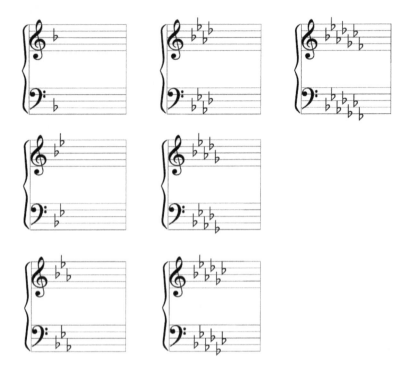

Nella figura sottostante è possibile vedere come vengono utilizzati i segni di alterazione all'interno dell'intervallo musicale.

Le alterazioni modificano la nota fino alla fine della battuta. Per portare una nota alla normalità prima della fine della battuta si l'utilizza il bequadro che annulla l'effetto dell'alterazione. Inoltre, i segni di alterazione che determinano la tonalità del brano (vedremo questo concetto in seguito) vengono posizionati all'inizio del brano (in chiave).

Possiamo riassumere dicendo che le alterazioni possono essere di diversi tipi:

- **Costanti**, sono poste subito dopo la chiave musicale. Il loro effetto dura per tutto il brano salvo indicazioni specifiche. Per annullare questa alterazione, serve un bequadro, il quale annulla l'alterazione nella sola battuta in cui è presente.

- **Momentanee**, quando si trovano in maniera saltuaria all'interno della melodia ed hanno effetto solo nella battuta dove sono collocate.

- **Di precauzione**, sono poste fra parentesi, servono per rammentare che una nota è alterata o ritorna al suo stato naturale.

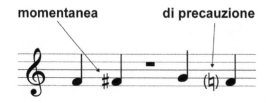

CAPITOLO 3

IL METRONOMO

Il metronomo serve per misurare il tempo, cioè la velocità di esecuzione di un brano.

Sull'asta centrale vengono indicate le velocità di oscillazione e vanno da un minimo di 40 ad un massimo di 208 battiti al minuto (bpm: "beats per minute").

Questo è un metronomo classico. Spostando il peso verso l'alto otterremo un ritmo lento. Viceversa, spostando il peso in basso il ritmo accelera. Oggi possiamo scaricare applicazioni o trovare emulatori online con estrema facilità.

Questo strumento ci guida nell'esecuzione di qualsiasi spartito musicale. All'inizio di ogni brano troveremo il relativo segno metronomico che indica l'andamento ritmico del nostro spartito. Può anche capitare che il brano abbia variazioni di tempo al suo interno, che vengono comunque sempre riportate.

I segni metronomici sono, in ordine crescente di velocità: Largo, Larghetto, Adagio, Andante, Moderato, Allegretto, Allegro, Presto, Prestissimo. Sono sempre scritti in italiano.

Oltre a queste indicazioni di tempo possiamo trovarne altre ad indicare la dinamica del brano, quindi l'intensità del suono:

- ***fff*** fortissimo (più che fortissimo)

- ***ff*** molto forte (fortissimo)

- ***f*** forte

- ***mf*** mezzo forte (moderatamente forte)

- ***mp*** mezzo piano (moderatamente piano)

- ***p*** piano

- ***pp*** molto piano (pianissimo)

- ***ppp*** pianissimo (più che pianissimo)

- ***fp*** forte e subito piano

- ***sf*** sforzato (forzato)

- ***sff*** sforzatissimo (forzatissimo)

Per indicare meglio l'andamento, si possono aggiungere alcune diciture alle indicazioni di base, quali: Molto, Assai, Quasi, Un poco, Più, Meno, Non troppo, Con moto, Con brio, Con fuoco, Maestoso, Appassionato, ecc.

La dinamica, cioè tutti gli effetti metronomici sopra espressi che suggeriscono l'espressione musicale, possono essere indicati anche in crescendo o diminuendo usando le forcelle, poste sotto il rigo musicale. La forcella in crescendo viene rappresentata con il simbolo "<". Mentre quella in diminuendo viene rappresentata con il simbolo ">".

IL RITMO

Il ritmo sta alla base della musica e ne è fondamento, in un certo senso. Le definizioni nel corso del tempo sono state numerose. Già Platone ne aveva dato una sua definizione affermando che: "Il ritmo è l'ordinamento del movimento. Potete distinguere ritmi nel volo di un uccello, nelle pulsazioni delle arterie, nel passo di danza del ballerino, nei periodi del discorso".

Noi lo possiamo classificare come una successione regolare nel tempo, ed è il modo in cui la musica viene suddivisa in battute che si ripetono sistematicamente un numero di volte stabilite all'interno delle stesse, ad una velocità e a un tempo sempre uguali. Questo, perlomeno, è ciò che direbbe un metronomo.

È difficile definire adeguatamente il ritmo, ma risulterà più facile se uniamo i concetti visti finora. Se prendiamo le battute ed il tempo del brano abbiamo già una definizione abbastanza precisa di "ritmo".

Pensiamo al direttore d'orchestra che ha lo scopo di guidare tutti gli strumenti usando lo stesso ritmo e coordinarli tra loro o, ancora meglio, al ruolo delle percussioni, ovvero quello di "tenere il tempo" in maniera abbastanza regolare. Gli altri strumenti si muovono su quel tempo base, modificando gli accenti (o pulsazioni) ed intrecciandosi gli uni con gli altri e creando insieme, su quella base, tutti gli svariati generi di musica che conosciamo.

Il ritmo nasce tramite la differenziazione delle pulsazioni in tempi forti e tempi deboli. Infatti, è definito come una regolare ripetizione di pulsazioni (accenti) che possono essere di due tipi:

- **Principali**, sono definiti forti, deboli o mezzi forti.
- **Secondari**, sono quelli che cadono sulle suddivisioni di un movimento.

GLI ACCENTI

Come visto in precedenza, gli accenti, o pulsazioni, sono le unità alla base del ritmo musicale.

Convenzionalmente gli accenti musicali possono essere di quattro tipi: metrico, ritmico, dinamico e melodico.

- **L'accento metrico** o di misura è il primo accento della battuta ed è anche quello più forte. Questo accento viene suddiviso in "battere" e in "levare". Le due parti si susseguono, essendo il levare la "fase negativa" del battere. Di norma, il primo movimento è caratterizzato da un'accentazione forte, che è poi seguita da un accento debole.

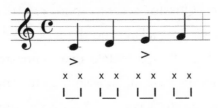

- **L'accento ritmico** è dato dal frazionamento del tempo e può essere sia forte sia debole. Questo accento viene utilizzato anche in case in cui la musica non presenta uno schema metrico costante. Per questo motivo, è tipico della musica non misurata.

- **L'accento dinamico** rafforza l'intensità di qualsiasi nota sopra o sotto cui è posto. Non ha un'allocazione prestabilita dal tempo del pezzo musicale o dalla divisione in battute. Viene rappresentato con il simbolo ">" e viene posto sopra o sotto la nota sulla quale cade l'accento.

- **L'accento melodico** definisce l'espressione musicale. Si considera come l'unione dell'accento dinamico e delle indicazioni dinamiche della variazione del suono. Nel pentagramma si riconosce perché è rappresentato da seguenti segni, posti al di sotto della nota: >, ff, mp, sff, etc. Questo accento può essere associato a qualunque nota all'interno di un pezzo musicale e ha la funzione fondamentale di modificare la nota in questione in base all'indicazione che riporta. Si può dire che questo accento dia risalto e colore a singole note per cambiare il "mood" di un fraseggio.

IL TEMPO

Il tempo (movimento ritmico) indica una maggiore o minore velocità nell'esecuzione di un brano musicale. Definisce la durata di ogni battuta ed è composto da un numero, che indica quanti tempi possono essere contenuti nella battuta, e da note del valore dei tempi stessi.

Nella figura sottostante viene rappresentato un esempio di tempo in 4/4, dove ogni battuta è composta da un numero di note la cui somma risulta sempre 4/4.

Ad ogni indicazione del tempo musicale vengono associati tre valori che il musicista deve tenere in considerazione: il valore complessivo della battuta, il valore di un singolo tempo e, infine, il valore di suddivisione del tempo stesso usando note differenti.

Il tempo si batte con movimenti regolari della mano.

Ogni battito corrisponde ad un tempo della battuta.

Le battute sono strettamente legate all'indicazione del tempo poiché ogni battuta ha una durata prestabilita e può contenere un numero limitato di note. All'interno di questa suddivisione si innesta anche l'articolazione del pezzo musicale in pulsazioni e unità metriche. Le unità metriche sono sostanzialmente le unità in cui il brano viene diviso grazie all'indicazione del tempo e alla suddivisione in battute. Le due pulsazioni di base della musica occidentale sono quella binaria e quella ternaria. Da queste unità metriche vengono composte anche quelle più complesse. Le unità binarie vengono sommate, giustapposte, moltiplicate e combinate tra di loro per creare tempi (pari o dispari) più complessi.

Gli elementi che danno vita alla composizione musicale sono: l'inciso, la semifrase, la frase ed il periodo:

- L'inciso è l'elemento più piccolo del discorso musicale. Occupa una battuta, oppure è a cavallo di due battute.

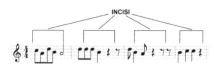

- La semifrase è l'unione di due incisi e costituisce un breve frammento melodico.

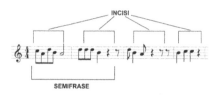

- La frase è l'unione di due semifrasi e, da questa misura in poi, riusciamo a percepire l'espressività musicale del pezzo in questionea.

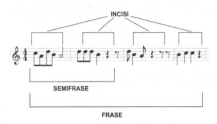

- Il periodo è formato dall'unione di due frasi e con esso il discorso musicale ottiene una sua personalità ben definita.

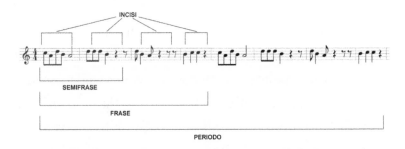

Ora che abbiamo presentato tutti gli elementi di base, posso dirti che esistono tre unità ritmiche da tenere in considerazione per effettuare l'analisi della battuta (o del tempo) e che la loro corretta lettura è l'unico modo in cui possiamo stabilire il modo del brano. Le tre unità sono:

- Unità dell'accento o di movimento (pulsazione), figura che ha il valore di un solo movimento.

- Unità della suddivisione, figura che ha il valore di una sola suddivisione.

- Unità della battuta (misura), figura che ha il valore che riempie tutta la battuta.

Le suddivisioni sono le parti più piccole in cui, appunto, è suddiviso l'accento della battuta o pulsazione. Il tempo scritto in chiave indica il numero di movimenti presenti in una battuta e il numero di suddivisioni in un movimento.

Le pulsazioni della battuta possono essere divise in:

- Semplici. In questo caso ogni movimento è sostanzialmente divisibile in due. La suddivisione interna è indicata dal numeratore, al quale possono essere scritte le cifre 2, 3 o 4, mentre la suddivisione della battuta è indicata dalla cifra posta al denominatore. Poiché le battute semplici sono divisibili in due, al denominatore troveremo soprattutto il quarto (semiminima - 4) oppure l'ottavo (croma – 8) o la metà (minima - 2).

Tempo	Accenti	Valore degli accenti	Valore di suddivisione	Valore della battuta
$\frac{2}{4}$	⌣ ⌣	♩ $\frac{1}{4}$	♪ $\frac{1}{8}$	♩ $\frac{2}{4}$
$\frac{3}{4}$	⌣ ⌣ ⌣	♩ $\frac{1}{4}$	♪ $\frac{1}{8}$	♩. $\frac{3}{4}$
$\frac{4}{4}$	⌣ ⌣ ⌣ ⌣	♩ $\frac{1}{4}$	♪ $\frac{1}{8}$	o $\frac{4}{4}$

Prendiamo come esempio la canzone di John Lennon "Imagine". Il brano è in 4/4, quindi Il pianoforte divide ciascuna pulsazione in due, e senza dubbio è un tempo semplice.

- Composte. Ogni movimento viene diviso in tre parti e non più in due. Di nuovo, al numeratore è possibile trovare le cifre 2, 3 o 4, ma questi tempi risultano differenti da quelli semplici poiché la loro suddivisione è diversa, dato che la battuta è suddivisa in tre parti e non in due.

Tempo	Accenti	Valore degli accenti	Valore di suddivisione	Valore della battuta
$\frac{6}{8}$	⌐⌐⌐ ⌐⌐⌐	♩. $\frac{3}{8}$	♪ $\frac{1}{8}$	♩. $\frac{3}{4}$
$\frac{9}{8}$	⌐⌐⌐ ⌐⌐⌐ ⌐⌐⌐	♩. $\frac{3}{8}$	♪ $\frac{1}{8}$	♩.♩. $\frac{4,5}{4}$
$\frac{12}{8}$	⌐⌐⌐ ⌐⌐⌐ ⌐⌐⌐ ⌐⌐⌐	♩. $\frac{3}{8}$	♪ $\frac{1}{8}$	𝅝. $\frac{6}{4}$

- Misti. Questi tempi vengono formati tramite la somma di tempi semplici e composti e sono caratterizzati da numeri ottenibili tramite la somma delle cifre che compongono i tempi semplici e composti (5,7, etc.).

Il valore della battuta è rappresentato tramite una frazione. Le indicazioni date dalle cifre al numeratore e al denominatore sono differenti in base al tipo di battuta che ci troviamo davanti. Nel caso di battute semplici, il numeratore indica il numero di battiti ci sono all'interno della battuta (accenti principali), mentre il denominatore indica il numero massimo di battiti per ogni singolo tempo all'interno della battuta.

Nel caso di battute composte, invece, il numeratore indica le suddivisioni presenti nella battuta, mentre il numeratore ne indica il valore.

Esiste poi un metodo per ricavare da una battuta semplice o composta la corrispondente battuta della tipologia inversa. Se si ha a che fare con una battuta semplice, per ottenere la sua corrispettiva battuta composta è necessario moltiplicare per 3 il numeratore e per 2 il denominatore. Viene da sé che l'operazione contraria servirà per ricavare da una battuta composta la sua corrispondente battuta semplice.

I SEGNI DI ARTICOLAZIONE

I Segni di articolazione sono simboli posti sopra o sotto le note. Tramite la loro funzione modificano il modo in cui si esprimono le note. Vengono elencati quelli di uso più comune:

- L'accento, viene indicato come una V coricata a sinistra e rappresenta la nota che deve essere riprodotta in modo più forte.

- Il marcato, viene indicato da una V rovesciata se posta sopra la nota, diritta se posta sotto. La nota deve essere riprodotta con un'intensità maggiore dell'accento sopraelencato.

- Lo staccato, viene indicato da un piccolo punto che richiede un'esecuzione molto breve.

- Il portato, viene indicato con un tratto orizzontale. Si esegue staccando le note in maniera meno marcata dello staccato, come se si prendesse un breve respiro tra di esse.

- Lo staccatissimo, viene indicato con un piccolo cuneo nero con la punta rivolta verso la nota. Richiede un'esecuzione ancora più breve dello staccato.

- Il respiro: è simile graficamente ad un apostrofo. Viene collocato tra due note e indica la separazione delle varie parti musicali.

CAPITOLO 4

LE SCALE MUSICALI

Le scale hanno un ruolo fondamentale nella musica. In un certo senso, l'intera struttura armonica e melodica musicale può essere descritta mettendola in relazione alle scale. Possono essere utilizzate per creare accordi o progressioni di accordi. Si possono presentare in svariate forme, con nomi e fini di composizione differenti. Ogni tipo di scala viene costruita seguendo una determinata successione di toni e semitoni.

Andiamo ad analizzare la scala diatonica e cromatica.

Una scala diatonica è una scala in cui le note procedono secondo una precisa successione di sette intervalli, cinque toni (T) e due semitoni (S).

Come esempi di scale diatoniche, prenderemo in considerazione la scala maggiore di Do e quella minore di La. Queste sono i tipici esempi di scala maggiore e minore utilizzati da moltissimi insegnanti di musica.

La Scala di Do maggiore è il modello di riferimento principale da cui derivano tutte le altre scale e segue questa successione: T-T-S-T-T-T-S.

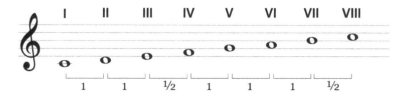

Un altro concetto che ci può aiutare nella comprensione delle scale e del loro utilizzo è il concetto di gradi. Essi prendono il proprio nome in base alla posizione che occupano all'interno della scala, la quale (posizione) ne definisce anche le diverse funzioni (esempio con scala di do):

- Do: Tonica, I grado

- Re: Sopratonica, II grado

- Mi: Modale, III grado

- Fa: Sottodominante, IV grado

- Sol: Dominante, V grado

- La: Sopradominante, VI grado

- Si: Sensibile, VII grado

- Do: Tonica, VIII grado (ottava superiore).

La tonalità rappresenta l'alternanza dei suoni in rapporto alla rispettiva tonica, che dà il nome all'intera scala musicale.

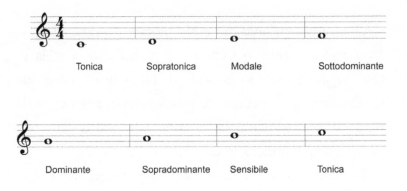

| Tonica | Sopratonica | Modale | Sottodominante |

| Dominante | Sopradominante | Sensibile | Tonica |

IL MODO

Il modo indica se una scala è maggiore o minore. Partiamo dal concetto che ogni scala maggiore ha una sua "relativa minore". I due modi si distinguono in carattere ed espressione. Il modo maggiore ha un carattere allegro e brillante mentre quello minore è triste e malinconico. Tecnicamente la differenza tra i due viene data spostando il III, VI e VII grado di un semitono verso il basso.

Un esempio molto usato per capire le relative minori e maggiori sono le scale di Do maggiore e La minore. Infatti, le due scale hanno le stesse note al loro interno, pur seguendo una progressione di toni e di semitoni differente.

Questa somiglianza tra scale prende il nome di scala "relativa" maggiore o minore. Se prendiamo la scala di Do maggiore avremo la scala di La minore come sua relativa minore. È per questo motivo che queste due scale vengono normalmente scelte come esempio di partenza per qualunque principiante.

Le scale che presentano sei note in comune e una sola alterazione di differenza vengono classificate come tonalità relative.

Poco sopra ho presentato la sequenza di toni e semitoni che caratterizza la scala minore di La. Una qualunque scala che presenta questo tipo di sequenza tonale è chiamata "minore naturale".

La successione per la costruzione del modo minore è: T-S-T-T-S-T-T.

Data l'esistenza della scala minore naturale, viene da sé che esistono anche altri tipi di scale minori. Ad esempio, la scala minore armonica presenta una modifica rispetto alla minore naturale, ossia ha il VII grado (sensibile) aumentato.

La scala minore melodica viene a formarsi con il VI e il VII grado aumentati di un semitono.

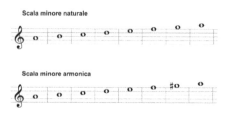

Scala minore naturale

Scala minore armonica

Nella figura sottostante presento la scala maggiore di Sol (tonica). Utilizzando lo schema di toni e semitoni visto prima otterremo: Sol - La - Si - Do - Re - Mi - Fa# - Sol.

In questo caso abbiamo solo un diesis poiché muovendoci di un tono dal Mi arriviamo al Fa#.

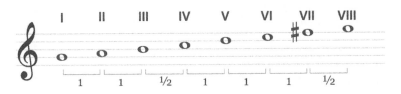

Seguendo lo stesso schema si possono formare le note della tonalità di Re maggiore:

Re - Mi - Fa# - Sol - La - Si - Do# - Re.

Possiamo osservare che nella costruzione delle scale maggiori naturali vi è una vera e propria successione di diesis. Si ottiene questa successione muovendosi dalla tonica alla quinta e così via.

Tutto ciò per dire semplicemente che partendo dalla scala di Do dove non abbiamo nessuna alterazione (diesis), abbiamo:

- ◦ Scala di Sol (Fa#)
- ◦ Scala di Re (Fa#, Do#)
- ◦ Scala di La (Fa#, Do#, Sol#)
- ◦ Scala di Mi (Fa#, Do#, Sol#, Re#)

- Scala di Si (Fa#, Do#, Sol#, Re#, La#)
- Etc.

Notiamo in particolare che il Sol è la VI di Do, Re è la VI di Sol, La è la VI di Mi, etc.

Riguardo alle tonalità che presentano i bemolle, nella figura sottostante è rappresentata la successione delle tonalità che presentano ciascuna un bemolle in più della precedente.

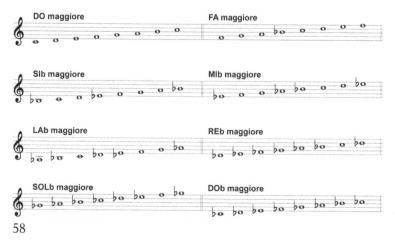

Possiamo usare la stessa metodologia per ottenere tutte le tonalità minori partendo dal La minore. Prendendo come riferimento il quinto grado superiore otterremo in sequenza tutte le tonalità minori con i diesis. Facendo riferimento al quinto grado inferiore, invece, otterremo le tonalità con i bemolle.

Rappresentiamo queste tonalità tramite la figura sottostante, che riesce a darci un'idea molto dettagliata in merito alla successione delle tonalità.

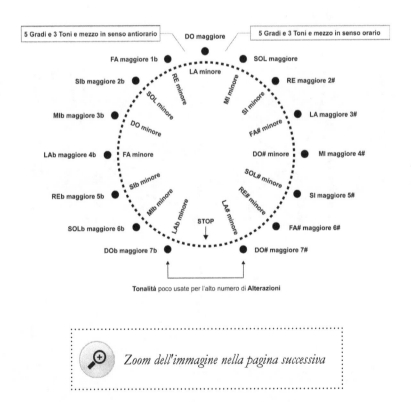

Tonalità poco usate per l'alto numero di **Alterazioni**

Zoom dell'immagine nella pagina successiva

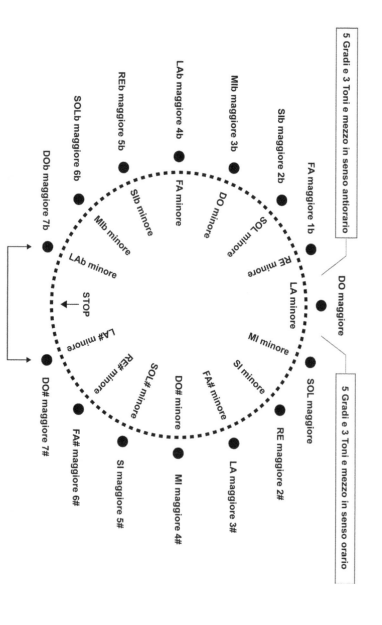

5 Gradi e 3 Toni e mezzo in senso antiorario

5 Gradi e 3 Toni e mezzo in senso orario

DO maggiore

FA maggiore 1b
SIb maggiore 2b
Mlb maggiore 3b
LAb maggiore 4b
REb maggiore 5b
SOLb maggiore 6b
DOb maggiore 7b

LA minore
RE minore
SOL minore
DO minore
FA minore
SIb minore
Mlb minore
LAb minore

STOP

SOL maggiore
RE maggiore 2#
LA maggiore 3#
MI maggiore 4#
SI maggiore 5#
FA# maggiore 6#
DO# maggiore 7#

MI minore
SI minore
FA# minore
DO# minore
SOL# minore
RE# minore
LA# minore

Tonalità poco usate per l'alto numero di Alterazioni

60

I seguenti punti ci danno delle norme per conoscere la tonalità e il modo di una composizione:

- Bisogna notare le alterazioni costanti all'inizio del pentagramma (in chiave) e stabilire subito il nome delle due tonalità (maggiore e relativa minore) che la determinano.

- Per distinguere se una composizione è di modo maggiore o del relativo modo minore si esamina l'andamento melodico delle prime sei misure. Generalmente gli accenti principali della melodia cadono sulle note dell'accordo tonale. Dalla successione di queste note sarà possibile stabilire se l'accordo tonale è di modo maggiore o del relativo minore.

LA SCALA CROMATICA

La scala cromatica, a differenza di quella diatonica, si serve di tutti i gradi musicali, per cui l'ottava non risulta più composta da 5 toni e 2 semitoni, ma da 12 semitoni più la ripetizione del primo suono, andando così ad arricchire le possibilità espressive dell'artista.

È la scala che possiamo considerare "principale" poiché contiene tutti i 12 semitoni in ogni ottava, quindi, in un certo senso, è l'insieme di tutte le altre scale. È molto facile suonare una scala cromatica ed è particolarmente utile come esercizio tecnico per i principianti che si stanno approcciando allo strumento per la prima volta. Basta osservare la figura seguente per vedere com'è disposta sul pianoforte. Per comporre la scala cromatica è necessario suonare tutte le note in ordine crescente fino ad arrivare all'ottava successiva.

Per alterare i suoni ascendenti si fa uso del diesis mentre per alterare i suoni discendenti si fa uso del bemolle. Qualsiasi scala diatonica può essere convertita in cromatica dividendo in due semitoni gli intervalli di un tono.

LA MODULAZIONE

La modulazione è il passaggio da una tonalità all'altra. È possibile modulare ai toni vicini o lontani e la modulazione può essere preparata o immediata.

- La modulazione ai toni vicini si ha quando si modula non oltre una quinta giusta sopra e sotto alla tonale, con i relativi maggiori e minori, partendo da una qualsiasi tonalità. Esempio da Do maggiore a Sol maggiore, oppure da Do maggiore a Fa maggiore.

5ª DISCENDENTE   5ª ASCENDENTE

PRINCIPALE

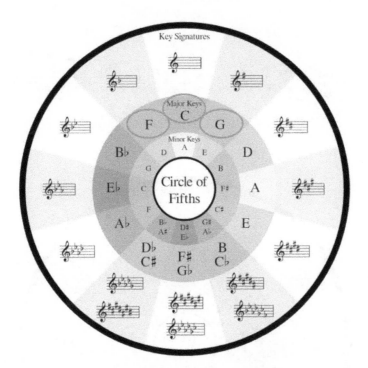

"Mirror" - Justin Timberlake

Le strofe sono in do maggiore mentre il ritornello è in la minore.

- Modulazione ai toni lontani si ha quando si modula oltre due o più quinte, ascendenti o discendenti, ed in questo caso le tonalità hanno poche note in comune con la tonalità iniziale.

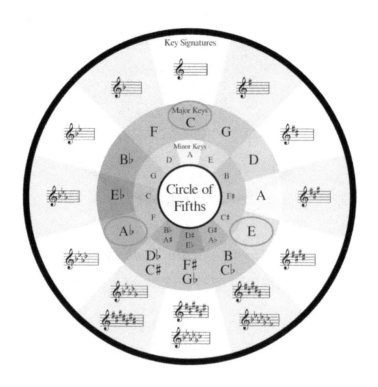

"Because of you" - Kelly Clarkson

La canzone è in Fa minore, e salta poi in Sol minore. Armonicamente,
la modulazione cambia improvvisamente.

* La modulazione immediata indica un cambio diretto
  dalla tonalità iniziale a quella nuova.

"Cherokee" - Art Tatum

- La modulazione preparata tocca progressivamente le tonalità che precedono la nuova tonalità.

La modulazione può anche essere:

- Passeggera, quando la nuova tonalità ha una brevissima durata.

"How high the moon" - Lewis Morgan

- Convergente, quando fa ritorno alla tonicità iniziale dopo una variante armonico-tonale più o meno lunga.

- Divergente, quando si porta definitivamente su un'altra tonalità.

CAPITOLO 5

L'INTERVALLO MUSICALE

L'intervallo musicale è la relazione tra due note. Indica, infatti, la distanza armonica tra le note con un suono univoco.

Si definiscono intervalli le distanze presenti tra le note di una scala musicale e sono misurati in gruppi di toni e semitoni. La distanza delle note si calcola in base ai gradi della scala musicali compresi gli stessi. Ad esempio tra Fa e Sol intercorrono due gradi (Fa-Sol). Tra Fa e Re intercorrono sei gradi (Fa-Sol-La-Si-Do-Re). Tra Mi e Mi dell'ottava successiva intercorrono otto gradi (Mi-Fa-Sol-La-Si-Do-Re-Mi), e così via.

Possiamo osservare nella figura sottostante degli esempi di intervalli di seconda, di prima, di sesta e di ottava.

Quando le due note sono identiche (unisono), l'intervallo di prima viene chiamato "giusto".

Quando la distanza tra le due note è di un tono, l'intervallo di seconda viene definito come maggiore. Mentre è minore quando la distanza è di un semitono.

Quando la distanza tra le note è di due toni l'intervallo di terza viene definito come maggiore. Mentre è minore quando la distanza è di un tono e mezzo.

Un intervallo giusto diventa eccedente se aumentiamo di un semitono la distanza. Mentre diventa diminuito se diminuiamo di un semitono la distanza dell'intervallo.

Gli intervalli possono essere semplici se sono compresi all'interno dell'ottava, oppure composti se oltrepassano l'ottava. Gli intervalli possono essere melodici, quando due note si succedono una dopo l'altra, o armonici, quando le due note vengono suonate simultaneamente. L'intervallo melodico sarà ascendente, se la seconda nota è più acuta della prima o, nel caso contrario, sarà discendente.

Si classificano anche come congiunti, quando procedono in ordine sulla scala musicale (Do-Re, Re-Mi, Mi-Fa, ecc.), e disgiunti, quando non hanno un ordine definito sulla scala musicale (Do-Sol, Fa-Re, Si-Mi ecc.).

L'intervallo nel suo essere naturale, si definisce diretto, mentre per intervallo rivoltato si intende il rovesciamento dello stesso cioè la trasposizione del suono più grave all'ottava superiore, o viceversa. Nel rivoltato:

• Gli intervalli maggiori formano intervalli minori: II, III, VI e VII.

- Gli intervalli eccedenti formano diminuiti: tutte le tipologie.
- Gli intervalli più che eccedenti formano più che diminuiti: tutte le tipologie (tranne l'unisono e la II).
- Gli intervalli giusti rimangono giusti: unisoni, IV, V e VIII.

Come visto in precedenza, gli Intervalli armonici si hanno quando sono eseguite simultaneamente le note che li compongono. Si distingue dal melodico che ha le note che lo compongono in linea orizzontale una dopo l'altra.

Nella figura sottostante, troviamo a sinistra un intervallo armonico ed a destra un intervallo melodico.

Intervallo melodico   **Intervallo armonico**

Gli intervalli armonici si suddividono in:

- **Intervalli consonanti**, sono: l'unisono, la terza, la quarta, la quinta, la sesta e l'ottava.
  Si dicono consonanti perché nell'esecuzione musicale producono all'orecchio una sensazione gradevole e rilassante.

- **Intervalli dissonanti**, sono: la seconda, la settima e tutti gli intervalli eccedenti diminuiti. Questi

69

intervalli producono una sensazione, in primo luogo, sgradevole all'udito.

Le composizioni musicali melodiche o armoniche, per la loro specifica tecnica di costruzione e in riferimento al fatto tonale, si distinguono in sei generi:

- **Diatonico**, si ha quando le composizioni si realizzano attraverso una successione di toni e semitoni diatonici, cioè con una sola tonalità.

- **Cromatico**, si ha quando le composizioni presentano continue alterazioni estranee alla tonalità d'impianto e procedono frequentemente per semitoni cromatici.

- **Enarmonico**, si ha quando le composizioni presentano suoni omofoni e passaggi enarmonici, i quali portano all'improvviso accostamento di due tonalità diverse.

- **Politonale**, si ha quando coesistono tonalità diverse tramite un processo armonico e melodico insieme.

- **Atonale**, si ha quando non si impone nessun suono come tonica.

- **Dodecafonico**, si ha quando non si ripete nessun suono fino a quando la serie di dodici suoni cromatici finisce.

LA SINCOPE

Con sincope si definisce lo spostamento degli accenti dal tempo forte al tempo debole precedente, cioè uno spostamento naturale del ritmo musicale. Quindi otteniamo un suono che inizia sul tempo debole che continua fino al successivo tempo forte della battuta. Se lo spostamento avviene nell'accento forte della battuta abbiamo una sincope di misura; se avviene nel singolo tempo del ritmo abbiamo una sincope di tempo; se avviene all'interno di un tempo in una sua suddivisione abbiamo una sincope di suddivisione.

Si definisce regolare quando è posta tra due note del medesimo valore. È definita irregolare quando è posta tra due note di un valore differente.

Può essere che la sincopi si prolunghi per molte battute, in quel caso si avrà il ritmo definito "sincopato".

IL CONTRATTEMPO

Il contrattempo è un altro caso di spostamento degli accenti, che vengono troncati dalla pausa, al posto che trasferirsi sul tempo forte, come avviene nella sincope. Quindi al posto degli accenti forti abbiamo le pause, mentre al posto degli accenti deboli abbiamo i suoni.

I GRUPPI IRREGOLARI

I gruppi irregolari sono quei gruppi di note che non rispettano la suddivisione ritmica del brano musicale. Possono differire sia per la loro formazione sia rispetto alla misura in cui si trovano. Detto in pratica: sono gruppi di note che non corrispondono alle regolari divisioni o suddivisioni del tempo.

Ne abbiamo di due tipologie: i gruppi irregolari "per eccesso" e irregolari "per diminuzione", sono rappresentati tramite una legatura che lega gruppi di note ed un numero posto sotto di essa. Possono essere presentati in due modi: "semplici" quando le note sono dello stesso valore, "composti" quando le note sono di valori diversi.

I principali gruppi irregolari sono:

- **La duina**, che è formata da due note e se partecipa in un tempo composto diventa un gruppo irregolare per diminuzione rispetto al tempo. Bisogna infatti eseguirla come suddivisione binaria ma della durata di un movimento composto.

- **La terzina**, che è formata da tre note e se fa parte di un tempo composto, risulta un gruppo regolare. Invece, se si trova in un tempo semplice, diventa un gruppo irregolare per eccesso. Bisogna infatti eseguirla come suddivisione ternaria ma della durata di un movimento semplice.

- **La quartina**, che è formata da quattro note risultando un gruppo regolare se fa parte di un tempo semplice. Invece diventa un gruppo irregolare, se fa parte di un tempo composto. Come la duina, va eseguita come suddivisione binaria ma della durata di un movimento composto.

73

- **La sestina**, che è formata da sei note risultando un gruppo regolare se fa parte di un tempo composto. Invece diventa un gruppo irregolare, se fa parte di un tempo semplice. Bisogna eseguirla allo stesso modo della terzina con la differenza che in ogni suddivisione devono essere inserite due note al posto di una.

I gruppi di cinque, sette note, ecc. sono irregolari per la loro formazione, perché non posso avere suddivisione né ternaria né binaria.

Il tempo tagliato significa che puoi avere due mezze note per misura.

Perché 2/2 e non 4/4? Perché in 2/2 i battiti sembrano più grandi! In 4/4 hai quattro battiti che sembrano forti, deboli, medi e deboli. In 2/2 tutto ciò che hai è un battito forte e uno debole.

Ci si può confondere quando si suona a tempo ridotto perché si è abituati a una nota da un quarto che equivale a una battuta. Per capire meglio il tempo ridotto è necessario reimpostare il cervello e spostare tutti i valori delle note all'indietro.

Analizzando il tutto troviamo:

Mezza nota = 1. Assomiglia a una nota da un quarto in 4/4.

Nota da un quarto = ½ battito. Ciò significa che si sentono le note dell'ottavo in 4/4 e puoi contarle 1 e 2 e così via.

Note dell'ottava = Sembrano delle sedicesime.

Il tempo reale è il più comune tra le composizioni musicali; a volte lo trovi rappresentato da una C invece dei numeri 4/4. Nel 4/4, ad esempio, ci sono quattro battiti per ogni misura. Ogni battuta deve essere uguale a un totale di quattro note da un quarto.

Il tempo doppio è suddiviso in semicrome. A differenza degli altri due tempi dove sappiamo che usano valori lunghi (tempo tagliato), valori di medio valore (tempo reale), nel tempo doppio valori sono piccoli.

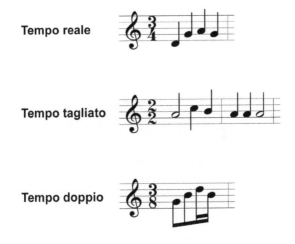

Tempo reale

Tempo tagliato

Tempo doppio

CAPITOLO 6

GLI ACCORDI

Alcuni strumenti vengono classificati come "a nota singola", cioè in grado di suonare una sola nota per volta (ad esempio, il sax).

Altri strumenti, come chitarre e pianoforti, sono in grado di suonare molteplici note insieme. Un gruppo di note suonate simultaneamente è chiamato "accordo". Ne otteniamo uno suonando due o più note nello stesso momento. Gli accordi sono definiti da un insieme di intervalli relativi alla nota base. Difatti, il nome di un accordo indica proprio la tipologia della nota fondamentale (potrebbe essere un qualsiasi delle dodici note) ed i suoi relativi intervalli.

Per la costruzione degli accordi è fondamentale avere ben in mente ciò che è stato detto in merito alle scale.

La formazione di un qualsiasi accordo è strettamente correlata ai gradi della sua relativa scala.

Facciamo un esempio usando la scala di Do maggiore. Il suo accordo tonale prenderà il nome di Do maggiore e viene formato prendendo il I grado (tonica), il III grado (modale) ed infine il V grado (dominante). Quindi, il Do fornisce il nome all'accordo, mentre le note che abbiamo selezionato dalla scala di Do maggiore forniscono il modo. In questo modo abbiamo ottenuto l'accordo di Do maggiore. In questo caso specifico il nostro accordo viene chiamato triade poiché è formato da 3 note. Quindi l'accordo di Do maggiore sarà formato da: Do, MI, e Sol. L'accordo tonale è importante poiché determina la tonalità ed il modo di una composizione. Inoltre, di norma il brano inizia e termina con una nota appartenente all'accordo tonale.

Abbiamo detto che i gradi rivestono un ruolo primario quando si parla di accordi. Nello specifico, il primo grado (tonica) dà il nome e la direzione all'accordo ed alla tonalità; il terzo grado (modale o mediante) ha il ruolo fondamentale di definire il modo (maggiore o minore) dell'accordo stesso, come suggerisce il nome alternativo del grado. Utilizzando questa struttura di base possiamo ottenere molti accordi differenti, che ci offriranno ottimi esempi per comprendere meglio la costruzione degli accordi. Mantenendo le cale come punto di riferimento e prendendo come esempio i tre gradi della scala maggiore di Do, otteniamo l'accordo maggiore di Do. Allo stesso modo, se prendiamo gli stessi gradi della scala minore otterremo l'accordo minore. Un'alternativa è prendere sempre le scale maggiori come riferimento e spostare il terzo grado di un semitono verso il basso, così da ottenere il relativo accordo minore. Ne deriva che l'accordo di Do maggiore e Do minore hanno solamente il terzo grado che li contraddistingue.

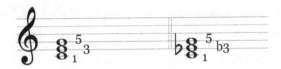

Gli accordi tonali di tre suoni si possono realizzare su ogni grado della scala sia in modo maggiore che in modo minore. Nella figura successiva è rappresentata la sequenza di accordi di tre suoni (triadi) su ogni grado della scala principale.

1° grado	2° grado	3° grado	4° grado	5° grado	6° grado	7° grado	1° grado
DO maggiore	RE minore	MI minore	FA maggiore	SOL maggiore	LA minore	SI diminuito	DO maggiore

Questi accordi sono suddivisi in due categorie:

- **Principali**, sono gli accordi sulla tonica (I grado), sulla sottodominante (IV grado) e sulla dominante (V grado).

- **Secondari**, sono gli accordi sul II, III e VI grado.

Per riassumere, possiamo dire che gli accordi sono formati da tre note distanti tra loro di un intervallo di terza e che questa costruzione di accordi ci permette di ottenere una triade. Una triade è l'accordo più semplice ed è anche chiamato "accordo a tre voci". Se prendiamo solo due note otteniamo un bicordo, ma non un accordo.

Oltre alle triadi esistono le quadriadi. Queste si ottengono aggiungendo un altro intervallo di terza, ovvero costruendo l'accordo con I, III, V e VII grado. Ovviamente, andando avanti ad aggiungere intervalli di terza si possono ottenere accordi di nona, di undicesima, di tredicesima, etc. Data l'ampiezza di questi ultimi due accordi, però, si tende a suonarli togliendo qualche grado dal basso, come la settima o la nona.

I RIVOLTI

Per spiegare in modo immediato cosa sia un rivolto utilizzerò un'analogia: se un accordo può essere considerato un'addizione, allora il rivolto è la proprietà commutativa. Quindi, se invertiamo l'ordine delle note il risultato non cambia.

Se prendiamo l'accordo di Sol maggiore e cambiamo l'ordine delle note avremo comunque a che fare con l'accordo di Sol maggiore, ma con un'altra forma e sonorità.

L'accordo viene detto "diretto" quando la nota più grave è la fondamentale. Negli esempi precedenti, gli accordi che abbiamo osservato erano "diretti" poiché il Do maggiore coincideva anche con la nota più grave (bassa) dell'accordo.

Quando la nota più bassa dell'accordo non è quella fondamentale ma la terza, l'accordo viene chiamato "di primo rivolto".

In modo simile, quando la nota più bassa dell'accordo è la quinta, l'accordo viene classificato come "di secondo rivolto".

Quando abbiamo a che fare con una quadriade (accordo a quattro voci), possiamo ottenere anche un accordo "di terzo rivolto" se la nota più grave è la settima.

Fondamentale	I Rivolto	II Rivolto
5	1	3
3	5	1
1	3	5

Il concetto di rivolto è fondamentale per diversi motivi. Sarà utile per applicare concetti più avanzati di armonia, ma è importante anche per facilitare l'esecuzione dei brani e per muoversi da un accordo all'altro più rapidamente ed efficacemente.

GLI ABBELLIMENTI

Gli abbellimenti, anche definiti come "note ornamentali", sono formati dall'aggiunta di una o più note poste nel rigo musicale senza alcun valore funzionale ma che, come dice il nome stesso, fungono solo da abbellimento. Vengono rappresentati come gruppi di note di grandezza ridotta oppure con simboli speciali. In entrambi i casi sono posti sopra alla nota principale.

Gli abbellimenti godono di una grande flessibilità interpretativa e non sottostanno a regole precise, al contrario di molto altri aspetti della musica. Per questo motivo è fondamentale conoscere l'autore, il suo stile e l'epoca in cui visse.

Le più importanti tipologie di abbellimenti sono: l'appoggiatura, l'arpeggio, l'acciaccatura, il mordente, il gruppetto, il trillo, il tremolo, il glissato e la cadenza.

L'uso di specifici abbellimenti invece che altri dipende principalmente dallo strumento che li suona. Ad esempio, strumenti come il pianoforte o l'arpa eseguono soprattutto arpeggi o trilli, gli strumenti a fiato utilizzano più spesso il glissato, mentre gli strumenti a corda il tremolo.

L'**Appoggiatura** è rappresentata da una nota piccola superiore (posta sopra alla nota di riferimento) o inferiore (posta sotto alla nota di riferimento). Il suo scopo è di togliere alla nota consecutiva un valore uguale a quello della nota di riferimento.

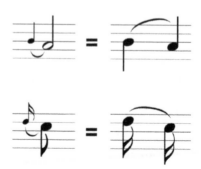

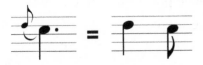

L'**Arpeggio** viene utilizzato in una grande varietà di strumenti differenti. Il suo utilizzo più conosciuto è al pianoforte, ma è possibile applicarlo alla maggioranza di strumenti che possono suonare note singole. L'arpeggio consiste nel suonare in sequenza le note di costruzione di un accordo. In questo caso, quindi, le note dell'accordo non sono suonate simultaneamente.

Oltre ad essere un abbellimento usato in maniera crescente nella musica moderna è un ottimo esercizio di tecnica per qualsiasi strumento a corda o a tastiera: serve a migliorare precisione e velocità di esecuzione.

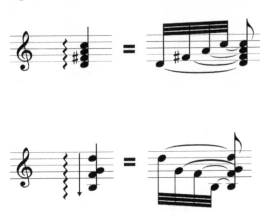

L'**Acciaccatura** è formata da una nota piccola che diminuisce la durata della nota a cui si riferisce. Questo abbellimento richiede un'esecuzione particolarmente rapida, tanto che può sembrare che le note siano suonate contemporaneamente.

Il **Mordente** è rappresentato dalla nota ausiliaria posta sopra o sotto a quella principale a cui si riferisce. Lo scopo è sottrarre valore alla nota principale.

Il **Gruppetto** è un abbellimento di carattere melodico che intervalla la nota principale con la nota ausiliaria, che può essere più alta o più bassa. Ha la funzione di passaggio tra due note senza interruzione.

Il **Trillo** è l'alternarsi rapido e continuativo di una nota con una nota più acuta.

Il **Tremolo** è la rapida ripetizione della stessa nota. Il segno del tremolo cambia leggermente da caso a caso poiché può essere usato in modalità differenti. Nel caso in cui la nota ripetuta sia solamente una, il tremolo è segnalato sul gambo della nota da abbellire. In modo simile, se il tremolo si riferisce a più di una nota, il segno d'abbellimento viene posto su entrambe le note, così da rendere chiaro che entrambe siano da abbellire.

Il **Glissato** indica il movimento costante e rapido verso l'alto o il basso passando attraverso tutti i semitoni presenti. È prodotto dall'esecuzione veloce della scala cromatica ed è una tecnica tipica degli strumenti a corda o gli archi poiché, in questi strumenti, è sufficiente far "scivolare" il dito lungo la corda vibrante per produrlo. È comunque possibile fare un glissato anche in altri strumenti, come il pianoforte.

La **Cadenza** è una successione di note che imprime una fase di riposo o di conclusione dell'opera musicale.

LE ABBREVIATURE

Le abbreviature sono segni grafici che servono ad abbreviare la scrittura musicale quando risulta troppo complessa e a facilitarne la lettura. Le principali sono: il ritornello, le ripetizioni, i richiami, le battute d'aspetto.

85

Il Ritornello serve per indicare che una o più parti di un brano vanno ripetute una o più volte. È delimitato all'inizio da una doppia stanghetta seguita da due puntini, mentre è chiuso alla fine dai due puntini seguiti dalla doppia stanghetta.

Altri segni convenzionali possono essere:

- il da capo al fine o al segno
- il da segno a segno.

Il "da capo al fine" (D.C. al fine) è una variante del ritornello e significa che il musicista deve ripetere il brano musicale dall'inizio fino alla fine.

Il "da segno a segno" è indicato in posizione iniziale con una S barrata diagonalmente da una linea con due puntini, e da una O con sbarramento a croce in posizione finale.

Il "da segno a segno", in particolare, è utile quando si ha l'intenzione di riprendere singole parti collocate in diversi punti del brano e ripeterle durante l'esecuzione.

CAPITOLO 8

ESERCITAZIONI DI SOLFEGGIO

Con "solfeggio" indichiamo la lettura a tempo delle note. Infatti, è essenziale conoscere il solfeggio per saper leggere uno spartito musicale per poi riprodurlo musicalmente attraverso uno strumento.

Nei capitoli precedenti abbiamo visto tutti gli elementi che compongono la musica e che possiamo trovare in uno spartito. In questo capitolo tratteremo solo solfeggi di natura non troppo complessa, anche se alcuni sono di livello avanzato, lasciando la facoltà al lettore stesso di andare a reperire spartiti più complessi online per approfondire la pratica di questa materia.

Esercizio 1

Esercizio 2

Esercizio 3

Esercizio 4

Esercizio 5

Esercizio 6

Esercizio 7

Esercizio 8

CONCLUSIONI

Caro lettore, siamo giunti alla fine di questo libro e se sei arrivato fin qui, ti ringrazio profondamente.

Come ti avevo promesso, abbiamo fatto insieme i primi passi nel meraviglioso mondo della musica e spero di averti trasmesso tutta la passione che nutro per questa arte.

Mi auguro di essere stato abbastanza chiaro nella presentazione dei concetti, così come spero di averti incuriosito e aver solleticato il tuo desiderio di conoscere di più e meglio ciò che hai letto nelle scorse pagine.

Ciò di cui abbiamo discusso qui è solamente un assaggio. Ora sei consapevole del tipo di impegno che la musica richiede, ma sono convinti che hai anche già goduto della ricompensa che la musica sa darti se le dedichi

le giuste attenzioni. Inoltre, se hai già approciato ad uno strumento musicale.

Se il libro ti è piaciuto, ti sarei molto grato se potessi lasciare una recensione sincera e onesta. Fare questo aiuta molto noi autori indipendenti e potrai permettere ad altre persone, che vogliono imparare le basi della teoria musicale, il raggiungimento più agevole di questo libro.

I primi passi sono compiuti; ora sai cosa ti aspetta e puoi decidere come proseguire. Le strade da intraprendere sono numerose: puoi studiare teoria e pratica sui libri; puoi prendere lezioni private di entrambe o studiare una delle due da autodidatta; puoi anche rimanere tanto affascinato dalla teoria da concentrarti solo su essa e diventare un esperto ascoltare e critico.

Insomma, la musica ti apre molte strade e gran parte di essere saranno inaspettate. Qualunque sia la tua scelta, ricorda: tempo, impegno e costanza saranno sempre ripagati dalla musica.

"Là dove si arresta il potere delle parole, comincia la musica."
[Richard Wagner]

La collana editoriale autoprodotta: "**Diventa Musicista**" è un progetto italiano, curato da Paolo Serena, che vuole spalancare le porte del panorama musicale nel campo editoriale. La missione è proprio quella di rendere accessibile a chiunque l'insegnamento degli strumenti musicali, in modo semplice e pratico.

L'ambizione nel miscelare creatività e tecnologia unisce e coordina tutti i membri dei vari dipartimenti musicali che sono il cuore pulsante di questo straordinario progetto.

La decennale esperienza di tutte le figure che hanno collaborato alla realizzazione di questo progetto e la loro inesauribile passione per la musica ha permesso di creare un nuovo metodo per imparare gli strumenti musicali. Diventa Musicista vuole aiutarti a liberare il tuo potenziale attraverso guide passo-passo e all'avanguardia che ti permetteranno di raggiungere i tuoi obiettivi nel minor tempo possibile.

In contrasto con i classici ambienti accademici, attraverso i volumi di Diventa Musicista capirai che studiare musica non è mai stato così semplice... e utile!

È stato ampiamente dimostrato, infatti, che imparare a suonare uno strumento musicale sviluppa le aree del cervello responsabili delle capacità motorie. Gli studi dimostrano anche che suonare regolarmente aiuta a liberarsi dallo stress, una panacea naturale contro i ritmi sempre più intensi di oggi.

Scopri tutta la collezione di volumi Diventa Musicista e rimani aggiornato sulle novità!

Lightning Source UK Ltd.
Milton Keynes UK
UKHW010808250223
417646UK00001B/222